LA MONTA DE BRONCOS CON MONTURA

curio¿idad por

POR RACHEL GRACK

AMICUS LEARNING

¿Qué te causa

curiosidad?

Curious About es una publicación de
Amicus Learning, un sello de Amicus
P.O. Box 227, Mankato, MN 56002
www.amicuspublishing.us

Editores: Ana Brauer y Megan Siewert
Diseñadora de la serie: Kathleen Petelinsek
Diseñadora del libro e investigadora
fotográfica: Kathleen Petelinsek

Library of Congress Cataloging-in-Publication Data
Names: Koestler-Grack, Rachel A., 1973- author.
Title: Curiosidad por la monta de broncos con montura / Rachel Grack.
Other titles: Curious about saddle bronc riding. Spanish
Description: Mankato, MN : Amicus Learning, 2025. | Series: Curiosidad por el rodeo | Includes index. | Audience: Ages 6–9 | Audience: Grades 2–3 | Summary: "Learn how cowboys and cowgirls compete in saddle bronc riding rodeo events in this Spanish question-and-answer book for elementary-aged readers. Translated into North American Spanish. Includes infographics, table of contents, glossary, and index"— Provided by publisher.
Identifiers: LCCN 2024022452 (print) | LCCN 2024022453 (ebook) | ISBN 9798892002936 (library binding) | ISBN 9798892003018 (paperback) | ISBN 9798892003094 (ebook)
Subjects: LCSH: Bronc riding—Juvenile literature.
Classification: LCC GV1834.45.B75 K64518 2025 (print) | LCC GV1834.45.B75 (ebook) | DDC 791.8/4—dc23/eng/20240523
LC record available at https://lccn.loc.gov/2024022452
LC ebook record available at https://lccn.loc.gov/2024022453

Créditos fotográficos: Alamy Stock Photo/Brigette Supernova, 3, 20-21, H. Mark Weidman Photography, 9, Robert McGouey, 2, 15, Xinhua, portada, 1; Dreamstime/Michael Turner, 5, Michele Jackson, 2, 7, 10-11; Shutterstock/Callipso88, 6, Gwoeii, 19, Kilroy79, 19, KK Stock, 19, Kobby Dagan, 16-17, Margo Harrison, 12-13, Olga_i, 6, patti jean_images & designs by patti jean, 8, Svetsol, 19, zooco, 19

Impreso en China

¿Qué es la monta de broncos con montura?

Es un deporte de rodeo. Los jinetes intentan permanecer ocho segundos sobre un caballo corcoveando. Los vaqueros ensillan al bronco en el **corral**. El jinete se sube y coge las riendas con una mano. Asiente con la cabeza y la puerta se abre. El bronco sale disparado dando saltos y patadas salvajes. ¿Podrá aguantar?

¿LO SABÍAS?

La mayoría de los jinetes profesionales de la monta de broncos son hombres. Sin embargo, la monta de broncos para mujeres se está volviendo más popular.

El caballo echa a correr en cuanto se abre la puerta del corral.

¿Qué son los broncos?

¿QUÉ HACE QUE UN BRONCO SEA CRIADO CORCOVEAR?

	Sangre fría Caballo de tiro		Sangre caliente Razas con mucha energía
Raza	Belga, Clydesdale	+	Pura sangre, Árabe
Rasgos	Silencioso, Tímido, Cuerpo pesado		Nervioso, Vivaz, Ligero, Rápido

Son caballos sin entrenamiento. Son **criados** para corcovear. Muchos broncos de montura son en parte **caballos de tiro**. Sus cuerpos fuertes y pesados dan patadas fuertes. Se cruzan con razas de gran energía. Esto convierte a los broncos de montura en la mezcla perfecta de potencia y energía.

¿LO SABÍAS?

La monta de broncos con montura es un evento de monta bruta. La monta bruta son los broncos y toros que se utilizan en los rodeos.

Bronco de sangre templada

Monta bruta

Poderoso y luchador

¿Por qué están levantados los pies del jinete?

Está marcando al caballo. Esto ocurre cuando se abre el corral. El jinete se echa hacia atrás y estira las piernas. Las dos **espuelas** tocan al caballo por encima de los hombros. Debe mantener firmes los talones de sus botas para el primer salto del bronco. El bronco salta a la pista. Sus patas delanteras tocan el suelo. ¡El jinete marcó el paso! Entonces empieza a espolear.

Espuelas de vaquero

Algunos jinetes llevan protectores bucales para proteger sus mandíbulas y dientes.

¿Qué es espolear?

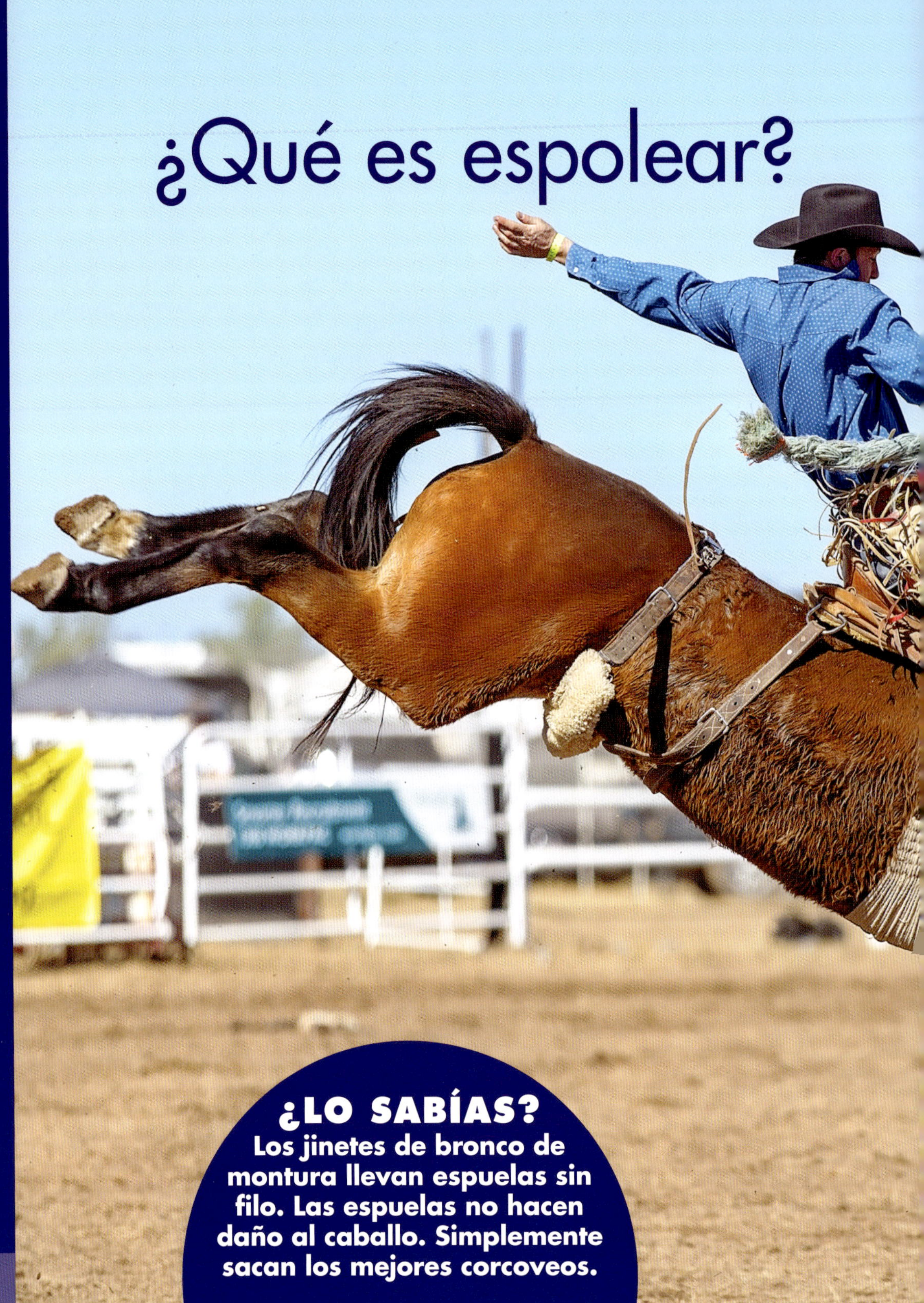

¿LO SABÍAS?

Los jinetes de bronco de montura llevan espuelas sin filo. Las espuelas no hacen daño al caballo. Simplemente sacan los mejores corcoveos.

Es cuando el jinete hace rodar sus espuelas sobre el caballo. Las espuelas producen corcoveos más fuertes. Mantiene los dedos de los pies en punta. Hace rodar las espuelas desde los hombros hasta la parte trasera de la montura. Sube los talones hasta el cuello. Vuelve a espolonear mientras el caballo sigue corcoveando.

Los jinetes sólo pueden utilizar una mano durante el paseo.

¿Cómo se mantienen los jinetes?

EQUIPO DE MONTA DE BRONCOS CON MONTURA

Una buena montura de bronco ayuda al jinete a permanecer en el asiento.

Requiere fuerza, habilidad y práctica. Los jinetes se agarran a la rienda del bronco. La forma de agarrar la cuerda es importante. Un agarre superior hace que la rienda esté más floja. Eso es demasiada cuerda. El jinete podría ser derribado. Los jinetes deben entrar en el **ritmo** con los corcoveos del bronco. Esta es probablemente la parte más difícil.

¿LO SABÍAS?

A los broncos de montura les encanta corcovear. Nadie los impone. Pero la correa de flanco forrada de vellón hace que corcoveen más fuerte.

¿Un bronco corcovea con ritmo?

Sí. Cada bronco tiene un estilo de corcovear. Los jinetes intentan adaptarse a ese estilo. Mueven el cuerpo con el caballo. Es como bailar. Tanto el bronco como el jinete son juzgados por su estilo. Los jinetes deben sincronizar su ritmo con la acción de espolear. Hay mucho que dominar en ocho segundos.

¿LO SABÍAS?
Los jinetes mantienen la barbilla hacia abajo y los ojos en los hombros del caballo. Esto les ayuda con el ritmo y la sincronización.

Se necesita mucho tiempo y práctica para montar un bronco.

Usualmente los jinetes trabajan en parejas. Mantienen a salvo a jinetes y caballos.

¿Qué ocurre cuando los jinetes son derribados?

Se vuelve peligroso. Podrían recibir patadas o pisotones. Los jinetes de recogida se apuran al rescate. Estos héroes a caballo protegen a los jinetes en el suelo. Reúnen a los broncos de forma segura. A veces los jinetes se atascan en los **estribos**. Los jinetes les ayudan a desmontar.

¿Qué es una "no puntuación"?

Uh-oh. El jinete fue derribado o rompió una regla. Tal vez no marcó al caballo. Tal vez se le salió el pie del estribo. El resto de la carrera no cuenta. Los jinetes suelen tener más de una oportunidad de montar. ¡Tal vez en la **próxima ronda**!

¿LO SABÍAS?
Los jinetes no pueden utilizar su mano libre para tocar el caballo, la silla o la rienda.

REGLAS DE "NO PUNTUACIÓN"

1

NO MARCAR EL CABALLO

2

TOCAR EL CABALLO,
LA SILLA O LA RIENDA
CON LA MANO LIBRE

3

CAMBIAR
DE MANO
EN LA RIENDA

4

EL PIE SE SALE DEL ESTRIBO

5

DERRIBADO

¿Cómo se puntúa a los jinetes?

PUNTUACIÓN DE MONTA DE BRONCOS CON MONTURA

	CABALLO: 1-25
JUEZ 1	23/25
JUEZ 2	22/25
PUNTUACIÓN	45

Dos jueces puntúan el evento. Suena el timbre de los ocho segundos. ¡El jinete lo ha logrado! Los jueces califican las patadas y giros del bronco. ¿Fueron altas y fuertes? Los jueces observan la acción de espolear del jinete, su estilo y ritmo. Los dedos de los pies señalados con espuelas largas puntúan más alto. Todo más de los 80 puntos es una buena monta.

Los rodeos tienen varios miembros del personal que llevan la cuenta de las puntuaciones y de los jinetes.

JINETE: 1-25		PUNTOS POSIBLES: 100
20/25		43/50
21/25		43/50
41		86/100

HAZ MÁS PREGUNTAS

¿Quién es el mejor jinete de la monta de broncos con montura?

¿Cuántas rondas hay?

Prueba con una GRAN PREGUNTA: ¿Cuánta práctica requiere la monta de broncos con montura?

BUSCA LAS RESPUESTAS

Busca en el catálogo de la biblioteca o en el internet.
Pueden ayudarte tus padres, un bibliotecario o un maestro.

Uso de las palabras clave
Encuentra la lupa.

Las palabras clave son las palabras más importantes de tu pregunta.

?

Si quieres saber:

- quién tiene el récord mundial de monta de broncos con montura, escribe: MEJORES JINETES DE BRONCOS CON MONTURA
- más información sobre las rondas, escribe: RONDAS DE RODEO

GLOSARIO

caballo de tiro Caballo alto y poderoso criado para tirar de carros y equipos.

corral El área que mantiene a los animales en posición para que el jinete pueda montar con seguridad.

criado Cuando los animales se aparean para obtener un tipo determinado de características.

espuela La rueda con púas en el talón de las botas de un jinete.

estribo La parte de una silla de montar que sujeta el pie de un jinete mientras monta.

próxima ronda Cada ronda de las competiciones de rodeo; muchos rodeos tienen más de una ronda.

ritmo Un movimiento en el que una acción se repite regularmente.

ÍNDICE

Sobre la autora

Rachel Grack lleva veinticinco años escribiendo obras de no ficción para niños. Vive en un rancho en el corazón del país del rodeo (sur de Arizona). Algunas tardes, se acerca a ver a sus vecinos en competiciones amistosas de roping. Un restaurante del oeste de la ciudad ofrece semanalmente monta de toros y carreras de carneros. Pero Rachel prefiere pasear tranquilamente a lomos de su dócil caballo Lady.

Most live in
cold water.

They use flippers to swim.

They dive to find food.
They hold their breath.

They eat fish!

Seals have babies on land.

Babies are called pups.

There are many kinds of seals.

The smallest are ringed seals.

The largest are elephant seals.

Words to Know

flipper

pup

Index